AF454059

CATALOGUE

Des Auteurs Claſſiques, Grecs & Latins, des plus belles & des meilleures éditions, & très-bien conditionnés, faiſant partie du Cabinet de Livres du Citoyen * * *.

Dont la Vente ſe fera les 17 & 18 Brumaire an 6, (les 7 & 8 Novembre 1797, v. ſt.), à quatre heures de relevée, en l'une des ſalles du Muſée, rue de Thionville, ci-devant Dauphine.

SE DISTRIBUE A PARIS,

Chez les Citoyens

GUILLAUME DE BURE l'aîné, Libraire de la Bibliothèque Nationale, rue Serpente, N°. 6.

LE JEUNE, ancien Huiſſier-Priſeur, rue Guénégaud, N°. 42.

An VI, (1797, v. ſt.).

CATALOGUE
DES LIVRES
GRECS, LATINS, &c.
DU CITOYEN *** *firmin Didot.*

THÉOLOGIE.

1. **V**ETUS Testamentum ex versione Septuaginta Interpretum, græcè. Edidit Jo. Jac. Breitingerus. *Tiguri Helvetiorum, Heideggerus,* 1730, 4 vol. in-4°. *veau j.* . . . . 12 . . . . D

2. Novum Testamentum, juxta exemplar Millianum, græcè. Typis Jo. Baskerville. *Oxonii, è Typ. Clarend.* 1763, in-8°. *v. f.* . . . . 5 . . .

3. Les Provinciales, par Bl. Pascal, trad. en latin par G. Wendrock, en espagnol par Grat. Cordero, & en italien par Cosimo Brunetti. *Cologne, B. Winfelt,* 1684, in-8°. *v. f.* . . . . 7 . . .

SCIENCES ET ARTS.

4. Hieroclis Philosophi in aurea carmina Commentarius, gr. & lat. cum notis variorum. *Londini, G. Thurlbourn,* 1742, in-8°. *v. f. fil.* . . . . . 4 . . . 3 . .

5. Jamblichi Chalcidensis de Mysteriis Liber, gr. & lat. ex recens. & cum notis Th. Gale. *Oxonii, è Theatro Sheldoniano,* 1678, in-fol. *v. b.* . . . 8 . . . .

6. Porphirii Philosophi de Abstinentiâ ab esu animalium libri IV, gr. & lat. cum notis variorum, . . 7 . . . 10 . .

A

recensuit Jac. de Rhoer. *Traj. ad Rhen. Ab. a Paddenburg*, 1767, *in-4°. vel.*

7. Sexti Empirici Opera, gr. & lat. ex recenf. & cum notis Jo. Alb. Fabricii. *Lipfiæ*, *Jo. Fred. Gleditfchius*, 1718, *in-fol. v. b.*

8. Theophrafti Characteres ethici, græcè & latinè cum notis variorum, ftudio Petri Needham. *Cantabrigiæ*, *Corn. Crownfield*, 1712, *in-8°. v. b.*

9. Epicteti Enchiridium, unà cum Cebetis Thebani Tabulâ, gr. & lat. cum notis variorum, curante Jac. Gronovio. *Delphis Batavorum*, 1683, *in-8°. fig. vel.*

10. Epicteti quæ fuperfunt Differtationes ab Arriano collectæ, gr. & lat. cum not. var. & ex recenfione Jo. Uptoni. *Londini*, *Woodward*, 1741, *2 vol. in-4°. v. ec. fil.*

11. De l'Efprit, par Helvétius. *Paris*, *Durand*, 1758, *in-4°. v. m.*

12. C. Plinii Secundi Hiftoriæ naturalis libri XXXVII, cum notis variorum, ex recenf. Jo. Frid. Gronovii. *Lugd. Bat. apud Hackios*, 1669, *3 vol. in-8°. m. r.*

13. C. Plinii Secundi Hiftoriæ naturalis libri XXXVII, cum notis Jo. Harduini. *Parifiis*, *Ant. Urb. Couftelier*, 1723, *3 vol. in-fol, v. m. fig. Ch. Mag.*

14. Hippocratis Coi Opera omnia, gr. & lat. ftudio Joan. Ant. Vander Linden. *Lugd. Bat. Daniel*, *à Gaasbeeck*, 1665, *2 vol. in-8°. v. b.*

14 *bis.* Tables portatives des Logarithmes, par Fr. Callet, édition ftéréotype, gravée, fondue & imprimée par Firmin Didot. *Paris*, *Didot*, 1795, An III, *in-8°. Pap. Fin, br. tiré fur Pap. in-4°.*

15. Hugonis Grotii Syntagma Arateorum, gr. & lat. *Ex Officinâ Plantinianâ apud Chrift. Raphelingium*, 1600, *in-4°. v. m. fil.* — — — — 6....

15 *bis*. Nouvelle Architecture hydraulique, contenant l'art d'élever l'eau au moyen de différentes machines, &c. par le Cit. Prony. *Paris, Firmin Didot, 1790, 2 vol. in-4°. fig. br. en carton, Pap. Vélin.* 40....

16. De l'origine des Loix, des Arts & des Sciences, & de leurs progrès chez les anciens peuples, par Goguette. *Paris, Defaint, 1758, 3 vol. in-4°. v. j. fil.* — — — — 17....1..

17. Defcription des projets & de la conftruction des Ponts de Neuilly, de Mantes, d'Orléans, & autres, par M. Perronet. *Paris, de l'Imp. Royale, 1782, 3 vol. in-fol. fig. dem. rel.* — 72....2

18. Poliæni Strategematum libri octo, gr. & lat. cum notis variorum. *Lugd. Bat. Joan. du Vivié, 1690, in-8°. v. b.* — — — — 8....10.

19. Veteres de Re Militari Scriptores, cum notis variorum. *Vefaliæ Clivorum, And. ab Hoogenhuifen, 1670, 2 vol. in-8°. fig. v. b.* — 13....6

20. S. Julii Frontini libri IV ftrategematicon, cum notis variorum, curante Franc. Oudendorpio. *Lugd. Bat. Sam. Luchtmans, 1731, in-8°. vel.* — — — — 10....

BELLES-LETTRES.

21. De la manière d'enfeigner & d'étudier les Belles-lettres, par rapport à l'efprit & au cœur, par M. Rollin. *Paris, Veuve Etienne, 1740, 2 vol. in-4°. v. m. fil. Gr. Pap.* — — — 11....4

22. Jo. Daniel. a Lennep Etymologicum Linguæ 18....

græcæ. *Trajecti ad Rhenum*, 1790 , 3 *vol. in-8°.
v. porph.

23. Moeridis Atticiftæ Lexicon Atticum , gr. &
lat. ex recenfione Joan. Pierfonii. *Lugd. Bat. Pet.
Vander Eyk*, 1759 , *in-8°. v. porph.*

24. Joan. Fred. Reitzius de Ambiguis , Mediis &
Contrariis : five de Significatione latinorum ver-
borum ac phrafium ambiguâ. *Traj. ad Rhen. M.
L. Charlois* , 1736 , *in-8°. v. f.*

25. Dionyfii Longini de Sublimitate Commentarius gr. cum novâ verfione lat. & notis Za-
chariæ Pearce. *Londini, Tonfon,* 1732, *in-8°,v.j.*

26. Lyfiæ Athenienfis Orationes gr. & lat. ex interpretatione & cum notis Jo. Taylori. *Cantabrigiæ Typ. Academ.* 1740, *in-8°. v. f.*

27. Demofthenis opera græcè. *Lutetiæ, Jacobus Du-
puis* , 1570 , *in-fol. v. j. fil.*

28. Demofthenis & Æfchinis Opera , gr. & lat.
ex recenf. Jo. Taylor. *Cantabrigiæ, Typis Acad.*
2 *vol. in-4°. v. f. fil.*

29. Themiftii Orationes XXXIII , gr. & lat. curâ
Dion. Petavii. *Parifiis, è Typog. Regiâ* , 1684,
in-fol. v. b.

30. M. Tullii Ciceronis Opera cum delectu com-
mentariorum ; ftudio Jof. Oliveti. *Parifiis ,
Coignard* , 1740, 9 *vol. in-4°. v. m. fil.*

31. M. Fab. Quintiliani Opera omnia cum notis
variorum. *Lugd. Bat. ex Offic. Hackianâ*, 1665,
2 *vol. in-8°. vel.*

32. M. Fabii Quintiliani de Oratoriâ Inftitutione
libri XII, ex recenfione Cl. Capperonerii. *Parifiis, Ant. Urb. Couftelier* , 1725 , *in-fol. v. f.
Ch. Mag.*

33. C. Plinii Secundi Panegyricus, cum notis var.

N° 34 Bocta . f . 50

N° 35. Homerus . f .

curante Joan. Arntzenio. *Amstelodami, Janssonius Waesbergius*, 1738, *in*-4°. *v. m. fil.*

34. Poetæ Græci principes heroici carminis & alii nonnulli, græce, ex recens. Henrici Stephani. *excudebat Henr. Stephanus*, 1566, *in-fol. v. éc. fil.*

35. Homeri Ilias & Odiffea gr. & lat. ftudio Jofuæ, Barnes. *Cantabrigiæ, Crownfield*, 1711, 2 *vol. in*-4°. *m. r.*

36. Homeri Opera omnia, gr. & lat. cum annotationibus Sam. Clarke. *Londini, Jo. Knapton*, 1740, 4 *vol. in*-4°. *v. m. fil.*

37. L'Iliade & l'Odyffée d'Homere, trad. en françois, avec des remarques, par Madame Dacier. *Paris, Rigaud*, 1711, 6 *vol. in*-12, *m. bl.*

On a joint à cet exemplaire les figures de Bern. Picart.

38. Homeri Ilias ad veteris codicis Veneti fidem recenfita, cum fcholiis græcis curâ J. B. d'Anffe de Villoifon. *Venetiis, Coleti*, 1788, *in-fol, v. j. fil.*

39. Lexicon Homericum, auctore Lud. Coulon. *Parifiis, Seb. Cramoify*, 1643, *in*-8°. *v. b.*

40. Quinti Calabri prætermifforum ab Homero libri XIV, gr. & lat., cum notis variorum, curante Jo. Corn. de Pauw. *Lugd. Bat. Jo. Van. Abcoude*, 1734, *in*-8°. *v. m.*

41. Incerti fcriptoris græci Fabulæ aliquot Homericæ de Ulixis Erroribus, ethicè explicatæ, gr. & lat. ftud. Joan. Columbi. *Lugd. Bat. Phil. Bonk*, 1745, *in*-8°. *v. m.*

42. Tryphiodori Ilii excidium, gr. lat. & anglicè, cum annotationibus Jacobi Merrick. *Oxonii è Theatro Sheldoniano, in*-8°. *v. m. fil. Ch. Mag.*

43. Hefiodi Afcræi & Procli Hymni, gr. lat. & ital. accurante Ant. Zanolini. *Patavii, Joan. Manfré*, 1747, *in*-8°. *v. m.*

44. Hesiodi Ascræi quæ extant, gr. & lat. cum notis variorum, curante Christ. Frid. Loesnero. *Lipsiæ, Theoph. Georgi*, 1778, *in-8°. v. m.*

45. Les Poésies d'Anacréon & de Sapho, en grec & en françois, avec des remarques, par Madame Dacier. *Amsterdam, Veuve de Paul Marret*, 1716, *in-8°. v. b.*

46. Sapphus Poetriæ Lesbiæ Fragmenta & Elogia, gr. & lat. cum notis variorum, curâ Jo. Christ. Wolfii. *Londini, Abrah. Vandenhoeck*, 1733, = Poetriarum octo Fragmenta & Elogia, gr. & lat. cum notis variorum, curâ Jo. Christ. Wolfii. *Hamburgi, Ab. Vandenhoeck*, 1734. = Mulierum græcarum quæ oratione prosa usæ sunt Fragmenta & Elogia, gr. & lat. cum notis variorum, curâ J. C. Wolfii. *Londini Jo. Nourse*, 1739, *in-4°. v. b.*

47. Pindari Olympia, Pythia, &c. gr. & lat. studio M. Æmilii Porti. *Apud H. Commelinum*, 1582, *in-8°. v. b.*

48. Pindari Olympia, Pythia, Nemea, Isthmia, gr. & lat. curâ Joan. Benedicti. *Salmurii, Piededius*, 1620, *in-4°. v. b.*

49. Menandri & Philemonis reliquiæ, gr. & lat. cum notis variorum. *Amstelodami, Lombrail*, 1709, *in-8°. v. j.*

50. Callimachi Hymni, Epigrammata & Fragmenta, gr. & lat. cum notis variorum, ex recens. Th. J. G. F. Grævii. *Ultrajecti, Franc. Halma*, 1697, 2 *vol. in-8°. v. b.*

51. Callimachi Hymni & Epigrammata, quibus accesserunt Theognidis Carmina, &c. gr. & lat. *Londini, G. Thurlbourn*, 1741, *in-8°. bas.*

52. Callimachi Hymni & Epigrammata, græcè.

N.º 54 Apollonius. f. mh.tt

N.º 58. Euripides. f. bm.tt

N.º 59. Aristophanes. f. po.tt

Glafguæ, *Rob. & And. Foulis*, 1755, *in-fol.*
fig. v. éc. fil.

53. Callimachi Hymni, Epigrammata & Fragmenta, gr. & lat. cum notis variorum, ex
recenfione Jo. Aug. Ernefti. *Lugd. Bat. Sam.*
Luchtmans, 1761, 2 *vol. in-8°. v. m.* — — — 17 — 1

54. Apollonii Rhodii Argonauticorum libri IV,
gr. & lat. ex recenfione Joan. Shaw. *Oxonii,*
è Typ. Clarendoniano, 1777, 2 *tom. rel. en* 1 *vol.*
in-4°. v. f. fil. — — — — — — 22 — 19

55. Mufæi Grammatici de Herone & Leandro
Carmen, gr. & lat. ex recenfione Matt. Ro-
ver. *Lugd. Bat. Theod. Haak*, 1737, *in-8°.*
vélin. — — — — — — — 5 — 1

55 *bis.* Tragœdiæ felectæ Æfchyli, Sophoclis, Euripidis, græcè, cum duplici interpretatione latinâ.
Excudebat Henr. Stephanus, 1567, 3 *vol. in-12, v. f.* — 6

56. Sophoclis Tragœdiæ feptem, gr. & lat. cum
fcholiis; editionem curavit Joan. Capperonnier;
edidit Jo. Fr. Vauvilliers. *Parifiis, G. de Bure,*
1781, 2 *vol. in-4°. v. éc. fil.* — — — — 18 — 2

57. Sophoclis Tragœdiæ VII græcè, cum novâ
verfione, fcholiis veteribus, notis & variis lec-
tionibus, operâ Th. Johnfon. *Etonæ, T. Pote,*
1788, 2 *vol. in-8°. v. m.* — — — — 12

58. Euripidis quæ extant omnia, gr. & lat. cum
not. var. & ex recenfione Samuelis Mufgrave.
Oxonii, è Typographeo Clarendoniano, 1778,
4 *vol. in-4°. v. j. fil.* — — — — — 60 — 19

59. Ariftophanis Comœdiæ undecim, gr. & lat.
cum notis variorum, & ex recenf. Ludolphi
Kufteri. *Amftelodami, Fritfch*, 1710, *in-fol.*
v. b. — — — — — — — 27

60. Poëtæ Latini minores, cum notis variorum, 17

A 4

curante Petro Burmanno. *Leidæ, Conr. Wishoff,* 1731, 2 *vol. in-4°. v. m.*

61. Poëtæ Latini rei Venaticæ scriptores & Bucolici antiqui, cum notis variorum, studio Gerardi Kempheri. *Lugd. Bat. Jo. Arn. Langerak,* 1728, *in-4°. v. b.*

62. Q. Ennii Fragmenta quæ supersunt, accurante Franc. Hesselio. *Amstelodami, ex officinâ Wetstenianâ,* 1707, *in-4°. vél.*

63. Titi Lucretii Cari de rerum Naturâ libri sex. *Birminghamiæ, Jo. Baskerville,* 1773, *in-8°. m. r.*

64. Lucrèce, traduction nouvelle, avec des notes, par M. de la Grange. *Paris, Bleuet,* 1768, 2 *vol. in-8°. fig. m. r.*

65. Catulli, Tibulli & Propertii Opera. *Birminghamiæ, Jo. Baskerville,* 1772, *in-8°. m. r.*

66. Catulli, Tibulli & Propertii Opera. *Birminghamiæ, Jo. Baskerville,* 1772, *in-4°. m. r.*

67. P. Virgilii Maronis Opera, cum notis var. curante Panc. Masvicio. *Leovardiæ, Halma,* 1717, 2 *vol. in-4°. vél.*

68. Pub. Virgilii Maronis Bucolica, Georgica & Æneis. *Birminghamiæ, Jo. Baskerville,* 1766, *in-8°. m. r.*

69. Antiquissimi Virgiliani codicis Fragmenta & Picturæ ex Bibliothecâ Vaticanâ ad priscas imaginum formas à Pet. Sante Bartholi incisæ. *Romæ, Marmoreus,* 1741, *in-fol. fig. v. m.*

70. Q. Horatius Flaccus, ex recens. & cum notis Rich. Bentleii. *Lipsiæ, Georgi,* 1764, 2 *vol. in-8°. v. m.*

71. Q. Horatii Flacci Opera, ad fidem LXXVI codicum, curante Jos. Valart. *Parisiis, Mich. Lambert,* 1770, *in-8°. m. verd dent.*

N.° 71. Hostaing. f. 5.^d

72. Q. Horatii Flacci Carmina, cum annotationibus
gallicis Lud. Poinſinet de Sivry. *Pariſiis, Didot*,
1777, 2 *vol. in-8°. v. m.* — . . . . . 2 . . 11

73. Œuvres d'Horace en latin & en françois, avec
des remarques de Dacier, Bentlei, Cuningam
& Sanadon. *Hambourg, Abraham Vandenhoeck*,
1733, 10 *vol. in-12, v. f.* — . . . 20 . . 1

74. Phædri Auguſti Liberti Fabularum Eſopiarum
libri V, ex recenſione Dav. Hoogſtratani. *Amſte-*
lodami, Franc. Halma, 1701, *in-4°. fig. m. r.* 17 . . 4

75. Pub. Ovidii Naſonis Opera, cum notis varior.
curâ Petri Burmanni. *Amſtelod. Janſſonius Waesber-*
gius, 1727, 4 *vol. in-4°. baſ.* — . . . 42 . . 19

76. M. Annæi Lucani Pharſalia, cum commentario
Pet. Burmanni. *Leidæ, Wishoff*, 1740, *in-4°.*
v. j. fil. — . . . . . . 12 . . 11

77. C. Silii Italici Punicorum libri XVII, cum notis
variorum, curante Arnoldo Drakenborch. *Traj.*
ad Rhen. Guil. Vande Water, 1717, *in-4°. fig. v. b.* 15

78. C. Valerii Flacci Argonauticon libri octo, cum
not. var. curante P. Burmanno. *Leidæ, Luchtmans*,
1724, *in-4°. v. j. fil.* — . . . 16 . . 10

79. D. Junii Juvenalis & Auli Perſii Flacci Satyræ.
Birminghamiæ, Jo. Baskerville, 1761, *in-4°. m.*
r. dent. — . . . . . . 13 . . 19

80. M. Valerii Martialis Epigrammata, ad uſum
Delphini, ex recenſione Lud. Smids. *Amſtelodami*,
G. Gallet, 1701, *in-8°. fig. vél.* — . . 12 . . 1

81. D. Magni Auſonii Burdigal. Opera. Interpre-
tatione & notis illuſtravit Jul. Floridus in uſum
Delphini, recenſuit J. B. Souchay. *Pariſiis*,
Jac. Guerin, 1730, *in-4°. v. éc.* — . . 6 . . 1

82. Pervigilium Veneris, cum notis variorum.
Hagæ comit. H. Scheurleer, 1712, *in-8°. v. éc.* . . 5

83. Claudii Claudiani Opera omnia , cum notis variorum , ex recensione Petri Burmanni secundi. *Amstelodami , ex officinâ Schoutenianâ , 1760 , in-4°. baf.*

84. Pub. Terentii Afri Comœdiæ. *Birminghamiæ , Jo. Baskerville , 1772 , in-8°. m. r.*

85. Calvidii Leti (Claudii Quilleti), Callipœdia , seu de Pulchræ prolis habendæ ratione, poema. *Parisiis , Th. Jolly , 1655 , in-4°. v. f.*

86. Les Œuvres de Clément Marot , avec les ouvrages de Jean Marot , son père , & de Michel Marot , son Fils. *La Haye , Gosse , 1731 , 4 vol. in-4°. v. b. fil.*

87. Poésies de Malherbe , rangées par ordre chronologique. *Paris , Jos. Barbou , 1757 , in - 8°. v. éc.*

88. Œuvres de J. B. Rousseau. *Bruxelles (Paris , Didot.) , 1743 , 3 vol. in-4°. m. bl.*

89. L'Art de peindre , poëme , avec des réflexions sur les différentes parties de la peinture , par Watelet. *Paris , Guerin , 1760 , in-4°. fig. m. bl.*

90. Les Mois , Poëme en douze Chants , par Roucher. *Paris , Quillau , 1779 , 2 vol. in - 4°. fig. v. éc.*

91. Œuvres Dramatiques de Néricault Destouches. *Paris , de l'Imp. Royale , 1757 , 4 vol. in - 4°. v. m. fil.*

92. Opuscula Mythologica , Physica & Ethica , gr. & lat. cum notis variorum. *Amstelodami , H. Wetstenius , 1688 , in-8°. vél.*

93. Auctores Mythographi latini , cum notis var. curante Augustino Van Staveren. *Lugd. Batav. Luchtmans , 1742 , in-4°. v. m.*

94. Gab. Faerni Fabulæ centum ex antiquis auc-

toribus delectæ, in gallicum fermonem tranflatæ à Cl. Perrault. *Londini, G. Darres, 1743, in-4°. fig. m. verd.*

95. Xenophontis Ephefii Ephefiacorum libri V de amoribus Anthiæ & Abrocomæ, gr. & lat. ftud. Ant. Cocchii. *Londini, Gul. Bowyer, 1726, in-4°. v. éc. Ch. Mag.* - - - - - - - 20 .... 19.

96. Athenæi Deipnofophiftarum libri XV, gr. & lat. cum. notis Ifaaci Cafauboni. *Lugduni, vidua Ant. de Harfy, 1612, 2 tomes reliés en 1 vol. in-fol. v. m. fil.* - - - - - 20 .... 1.

97. Auli Gellii Noctium Atticarum libri XX, cum notis variorum, curâ Jac. Gronovii. *Lugd. Bat. Corn. Boutefteyn, 1706, in-4°. vél.* - - - 18 .... 1.

98. Aur. Theod. Macrobii Opera, cum notis var. ex recenf. Jo. Car. Zeunii. *Lipfiæ, Th. Georgi, 1774, in-8°. v. m.* - - - - - - 10 .... 19.

99. Alexandri ab Alexandro genialium dierum libri fex, cum notis variorum. *Lugd. Bat. ex officinâ Hackianâ, 1673, 2 vol. in-8°. v. b.* - - - 10 .... 12.

100. Michaelis Apoftoli Paroemiæ, gr. & lat. cum notis Petri Pantini. *Lugd. Bat. ex officinâ Elzevirianâ, 1619, in-4°. baf.* - - - - - 5 .... 12.

101. Luciani Samofatenfis philofophi Opera omnia quæ extant, gr. & lat. ex recenf. Jo. Bourdelotii. *Lutetiæ Parifiorum, Bertault, 1615, in-fol. mar. puce.* - - - - - - - 25 .--

102. Philoftratorum quæ fuperfunt omnia, gr. & lat. ftud. Got. Olearii. *Lipfiæ, Fritfch, 1709, in-fol. v. f. fil.* - - - - - - - 18 ....

103. Juliani Imperatoris Opera quæ fuperfunt omnia & fancti Cyrilli contra eumdem libri decem, gr. & lat. edidit Ezechiel Spanhemius. *Lipfiæ Weidmannus, 1696, in-fol. vél.* - - - 20 .-- 1.

104. Georgii Buchanani Opera omnia, curante Th. Ruddimanno. *Lugd. Bat. Jo. Arn. Langerak*, 1725, 2 vol. *in-4°. vél.*

105. Les essais de Michel Seigneur de Montaigne, avec des remarques par Pierre Coste. *Londres, Tonson*, 1724, 3 vol. *in-4°. v. f. fil.* Avec le supplément.

106. Œuvres de Scarron. *Paris, Michel David*, 1726, 12 vol. *in-12, fig. v. f.*

107. Œuvres de M. de la Fontaine. *Anvers, Henri Sauvage*, 1726, 3 vol. *in-4°. v. m. fil.*

108. Œuvres diverses de M. de Fontenelle. *La Haye, Gosse*, 1728, 3 vol. *in-4°. fig. de Bern. Picart, v. m. fil.*

109. Œuvres de M. de Montesquieu. *Londres, Nourse*, 1767, 3 vol. *in-4°. v. m. fil.*

110. Caii Plinii Secundi Epistolarum libri decem, cum notis variorum, & ex recens. Dan. Longolii. *Amstelodami, apud Janssonio - Waesbergios*, 1734, *in-4°. v. j.*

HISTOIRE.

111. Strabonis rerum geographicarum libri XVII, gr. & lat. cum notis variorum, curâ Theod. Janssonii ab Almeloveen. *Amstelodami, Joan. Wolters*, 1707, 2 vol. *in-fol. v. b.*

112. Stephanus Byzantinus de Urbibus, gr. & lat. edidit & observationes adjecit. Th. de Pinedo. *Amstelodami, de Jonge*, 1678, *in-fol. vél.*

113. Stephanus Byzantinus de Urbibus, gr. & lat. ex versione & cum commentario Abrahami Berkelii. *Lugd. Bat. Haaring*, 1694, *in-fol. vél.*

114. Lucæ Holstenii Notæ & castigationes in Steph.

Nᵒ 106 Scarron. Theophile

Byzantinum de Urbibus. *Lugduni Batavorum,
Vander Aa. 1692 , in-fol. vél.*

115. Pomponii Melæ de fitu orbis libri tres ,
cum notis var. curante Abrah. Gronovio. *Lugd.
Bat. Luchtmans, 1748 , in-8°. vel.* - - -   16...

116. L'Art de vérifier les dates des Faits hiſto-
riques des Chartes , des Chroniques , &c. par
Dom Clément. *Paris, Jombert, 1783, 3 vol.
in-fol, v. éc. fil.* - - - - - - - -   142...

117. Juſtini Hiſtoriæ Philippicæ, cum notis varior.
curante Abrah. Gronovio. *Lugd. Bat. Sam.
Luchtmans, 1760, in-8°. v. b.* - - - -   10..

118. Flavii Joſephi quæ reperiri potuerunt Opera
omnia , gr. & lat. cum notis & novâ verſione
Jo. Hudſoni , & ex recenſione Sigeb. Havercampi. *Amſteledami Wetſtenius, 1726 , 2 vol.
in-fol. v. m. fil.* - - - - - - - -   55...

119. Dictys Cretenſis & Dares Phrygius de bello
& excidio Trojæ , in uſum Delphini. *Amſteledami , Gallet, 1702 , in-4°. v. b.* - - - -   8...

120. Pauſaniæ Græciæ Deſcriptio , gr. & lat. cum
notis Joach. Kuhnii. *Lipſiæ , Th. Fritſch, 1696,
in-fol. v. b.* - - - - - - - - -   36...1..

121. Herodoti Halicarnaſſenſis Hiſtoria , gr. &
lat. *Glaſguæ , Foulis, 1761 , 9 vol. in-8°. v. éc.*   33...19.

122. Thucydidis de Bello Peloponeſiaco libri octo,
gr. & lat. cum notis variorum, curante And.
Dukero. *Amſtelodami , Wetſtenius, 1731 , in-fol.
v. f. fil.* - - - - - - - - - -   60...

123. Xenophontis Philoſophi & Imperatoris, quæ
extant Opera , gr. & lat. operâ Jo. Leunclavii.
*Lutetiæ Pariſiorum , apud Societ. græcarum edi-
tionum, 1625 , in-fol, m. r. dent.* - - -   19....

124. Diodori Siculi Bibliothecæ Hiſtoricæ , libri   80...

qui fuperfunt, gr. & lat. ex recenf. Pet. Wef-
felingii. *Amfteledami, Wetftenius,* 1746, 2 *vol.
in-fol. v. m. fil.*

12 .... 125. Arriani Expeditionis Alexandri magni libri
feptem, & hiftoria Indica, gr. & lat. operâ
Jac. Gronovii. *Lugd. Bat. Vander Aa.* 1704,
in-fol. v. j. fil.

12 .... 126. Romanæ hiftoriæ Scriptores Græci minores,
qui partìm ab urbe conditâ, partìm ab Augufti
Imperio, Res Romanas memoriæ prodiderunt,
gr. & lat. ftudio Frid. Sylburgii. *Francofurti,
ap. hæredes Wecheli,* 1590, *in-fol. v. m. fil.
d. f. t.*

135. .... 127. Dionyfii Halicarnaffenfis Antiquitatum Romanarum libri quotquot fuperfunt, gr. & lat. ex
recenfione Jo. Hudfoni. *Oxonii, è Theatro Sheldoniano,* 1704, 2 *vol. in-fol. v. f.*

10 ... 19. 128. Titi Livii Hiftoriæ, ex recenfione J. Fr. Gronovii. *Lugd. Bat. ex officinâ Elzevirianâ,* 1645,
3 *vol. in-12, v. porph.*

26 .... 129. Titi Livii Hiftoriarum quod extat, cum not.
var. curante Jac. Gronovio. *Amftelodami, apud
Dan. Elzevirium,* 1679, 3 *vol. in-8°. v. fil.*

64 .... 1. 130. Titi Livii Patavini Hiftoriarum ab urbe conditâ libri qui fuperfunt XXXV. Recenfuit &
notis illuftravit J. B. L. Crevier. *Parifiis, Quillau,* 1735, 6 *vol. in-4°. v. f. fil.*

8 ... 19. 131. L. Annæi Flori Epitome Rerum Romanarum,
cum notis variorum, ex recenf. Jo. G. Grævii.
Amftelodami, G. Gallet, 1702, 2 *vol. in-8°.
v. b.*

10 .... 132. C. Velleii Paterculi quæ fuperfunt, cum not.
variorum, curante Pet. Burmanno. *Roterodami,
Jo. Den. Beman,* 1756, *in-8°. v. m.*

133. Polybii Lycortæ, Hiſtoriarum libri qui ſuper-
ſunt, gr. & lat. ex verſione Iſaaci Caſauboni.
Pariſiis, Drovardus, 1609, *in-fol. m. vert, dent.* . *39* — *19*

134. Polybii Lycortæ Hiſtoriarum libri qui ſuper-
ſunt, gr. & lat. cum not. var. curante Iſaaco
Caſaubono. *Amſtelodami, Janſſon*, 1670, 3 *vol.*
in-8°. v. f. fil. d. ſ. t. . *28*

135. Hiſtoire de Polybe, traduite du grec par
Dom Vincent Thuillier, avec un Commentaire
par Folard. *Paris, Gandouin*, 1727, 6 *vol. in-4°.*
fig. v. m. . *27* — *19*

136. Polybii, Diodori Siculi, Nic. Damaſceni,
& aliorum excerpta, gr. & lat. ſtudio Henrici
Valeſii. *Pariſiis, Mat. Du Puis*, 1634, *in-4°.*
baſ. . *13* — *10*

137. Appiani Alexandrini Romanarum Hiſtoriarum libri, græcè. *Lutetiæ, Typis Regiis, curâ*
Caroli Stephani, 1551, *in-fol. v. m.* . *5* — *1*

138. Appiani Alexandrini Hiſtoriæ, gr. & lat.
cum notis variorum. *Amſtelodami, Jo. Janſ. a*
Waesberge, 1670, 2 *vol. in-8°. v. b.* . *16* — *19*

139. C. Criſpi Salluſtii quæ extant, cum notis
variorum, curâ Sigeb. Havercampi, *Amſtelodami*,
Fr. Changuion, 1742, 2 *vol. in-4°. v. m.* . *25*

140. C. Julii Cæſaris de Bellis gallico & civili
Pompeiano, commentarii, cum notis variorum,
curâ Franc. Oudendorpii. *Lugd. Bat. Sam. Lucht-*
mans, 1737, *in-4°. vél.* . *17* — *19*

141. C. Cornelii Taciti Opera. Recognovit, emen-
davit, &c. Gabriel Brotier. *Pariſiis, Lud. Fr.*
Delatour, 1771, 4 *vol. in-4°. v. éc. fil.* . *77*

142. C. Suetonius Tranquillus, cum notis var.
curante Pet. Burmanno. *Amſtelodami, apud Janſ-*
ſonio-Waeſbergios, 1736, 2 *vol. in-4°. v. f.* . *22*

143. Caffii Dionis Hiftoriæ Romanæ quæ fuperfunt, gr. & lat. ex recenf. Sam. Reimari.
Hamburgi, Heroldus, 1750, 2 *vol. in-fol, v. j.*

144. Herodiani Hiftoriarum libri octo, gr. & lat.
recogniti & notis illuftrati. *Oxoniæ, è Th. Sheldoniano,* 1704, *in-8°. v. m. fil.*

145. Ammiani Marcellini Libri qui fuperfunt, cum
notis variorum, ftudio Jac. Gronovii. *Lugd.
Bat. Pet. Vander Aa,* 1693, *in-fol. fig. v. b.*

146. Hiftoriæ Auguftæ fcriptores VI, cum notis
variorum. *Lugd. Bat. ex officinâ Hackianâ,* 1671,
2 *vol. in-8°. v. b.*

147. Hiftoire Romaine, depuis la fondation de
Rome jufqu'à la bataille d'Actium, par M. Rollin.
Paris, Veuve Eftienne, 1752, 8 *vol. in-4°. v.
m. fil. Gr. Pap.*

148. Hiftoire des Grands Chemins de l'Empire
Romain, par Nic. Bergier. *Bruxelles, Jean Léo-
nard,* 1728, 2 *vol. in-4°. fig. v. m. fil. Gr. Pap.*

149. Hiftoire de France, par MM. Velly, Villa-
ret & Garnier, avec l'avant-Clovis. *Paris,
Saillant,* 1770, 16 *vol. in-4°. v. porph. fil.*

150. Nouvel Abrégé chronologique de l'Hiftoire
de France, par le Préfident Henault. *Paris,
Prault,* 1768, 2 *tomes reliés en* 1 *vol. in-4°, v. m.*

151. Le Pitture antiche d'Ercolano e contorni
incife con qualche fpiegazione. *Napoli,* 1757,
7 *vol. in-fol. max. fig. dem. rel.*

152. Monumenta Sepulcrorum cum epigraphis
ingenio & doctrinâ excellentium virorum de
archetypis expreffa per Tobiam Fendt. 1574,
in-fol. fig. vél.

153. De l'ufage des Statues chez les Anciens. *Bruxelles, de Boubers,* 1768, *in-4°. v. f. fil.*

154.

154. Origines Typographicæ, Gerardo Meerman auctore. *Hagæ Comit. Nic. Van Daalen*, 1765, 2 *vol. in*-4°. *fig. v. f. dent. Ch. Mag. l. r.* . - - . *32* *19* *2*

155. Histoire & Mémoires de l'Académie des Inscriptions & Belles-Lettres, depuis son établissement jusqu'à présent. *Paris*, *de l'Imp. Royale*, 1736, 46 *vol. in*-4°. *fig. v. m.*

156. Notices & Extraits des Manuscrits de la Bibliothèque du Roi. *Paris*, *de l'Imp. Royale*, 1787, 3 *vol. in*-4°. *v. m.* } *300* ....

157. Photii Myriobiblon, sive Bibliotheca librorum quos legit & censuit Photius, gr. & lat. ex versione And. Schotti. *Rothomagi*, *Berthelin*, 1653, *in-fol. v. m.* - - - - - . *20* ....

158. Jo. Alberti Fabricii Bibliotheca græca, sive notitia Scriptorum veterum græcorum. *Hamburgi*, *Liebezeit*, 1708, 14 *vol. in*-4°. *v. m. fil.*

159. Jo. Alberti Fabricii Bibliographia antiquaria, sive introductio in notitiam scriptorum qui Antiquitates Hebraicas, græcas &c. scriptis illustrarunt. *Hamburgi*, *Bohn*, 1760, *in*-4°. *v. m.* } *66* .. *2*..

160. Diogenis Laertii de vitis, dogmatibus clarorum Philosophorum libri X, gr. & lat. ex recens. & cum notis Ægidii Menagii. *Amstelodami*, *Henr. Wetstenius*, 1692, 2 *tom. rel. en* 1 *volume in*-4°. *v. f.* - - - - - . *36* ....

161. Cornelii Nepotis Vitæ excellentium Imperatorum, cum notis variorum. *Lugd. Bat. ex offic. Hackianâ*, 1675, *in*-8°. *m. r.* - - - - . *3* *3*

162. Cornelii Nepotis Vitæ excellentium Imperatorum, cum notis variorum, ex recens. Aug. Van Staveren. *Lugd. Bat. Sam. Luchtmans*, 1773, *in*-8°. *v. f.* - - - - . *12* .... *19* ..

163. Cl. Æliani varia Historia, gr. & lat. cum . *18* .... *12* .

notis variorum, curante Abrahamo Gronovio. *Lugd. Bat. Sam. Luchtmans*, 1731, *2 vol. in-4°. v. porph.*

164. Valerius Maximus de dictis factifque memorabilibus veterum, cum notis variorum. *Lugd. Bat. ex offic. Hackianá*, 1670, *in-8°. v. b.*

165. Valerii Maximi libri novem factorum dictorumque memorabilium, cum notis variorum, studio Abrah. Torrenii. *Leidæ, Sam. Luchtmans*, 1726, *in-4°. vél.*

166. Grand Plan de Paris, par l'Abbé de la Grive. Collé fur toile, & monté fur une gorge de bois doré.

167. Diocèfe de Sens. Collé fur toile & monté fur une gorge de bois noirci.

168. Plan de la ville de Lyon. Collé fur toile, & monté fur une gorge de bois d'Acajou.

169. Vue d'une partie de la ville de Lyon. Collée fur toile & montée fur une gorge de bois doré.

F I N.

Les Livres feront expofés dans l'ordre qui fuit:

Le 17 Brumaire.

Les Numéros 1 — 85

Le 18.

Les Numéros 86 — 169.

De l'Imprimerie de STOUPE, rue de la Harpe, 1797.